I0511628

To Do List

Use this **To Do List Notebook** to keep yourself organized, improve your memory, improve productivity and motivate yourself to achieve your goals.

Copyright © 2018 by **Sunny Days Prints**

All rights reserved. This book or any portion thereof may not be reproduced or used in any manner whatsoever without the express written permission of the publisher except for the use of brief quotations in a book review.

Date: ___/___/___   Mon   Tue   Wed   Thur   Fri   Sat   Sun

To Do:
_____
_____
_____
_____
_____
_____
_____
_____
_____
_____
_____
_____

Priorities:
_____
_____
_____
_____
_____
_____

Appointments:
_____
_____
_____
_____
_____
_____

Notes:

	All Done

Date: __/__/__   Mon   Tue   Wed   Thur   Fri   Sat   Sun

To Do:

Priorities:

Appointments:

Notes:

All Done

Date: ___/___/___ **Mon** **Tue** **Wed** **Thur** **Fri** **Sat** **Sun**

To Do:
_____
_____
_____
_____
_____
_____
_____
_____
_____
_____
_____
_____

Priorities:
_____
_____
_____
_____
_____
_____

Appointments:
_____
_____
_____
_____
_____
_____

Notes:

	All Done

Date: ___/___/___   Mon   Tue   Wed   Thur   Fri   Sat   Sun

To Do:
_____
_____
_____
_____
_____
_____
_____
_____
_____
_____
_____
_____

Priorities:
_____
_____
_____
_____
_____
_____

Appointments:
_____
_____
_____
_____
_____
_____

Notes:

| | **All Done** |

Date: ___/___/___   Mon   Tue   Wed   Thur   Fri   Sat   Sun

To Do:
_____
_____
_____
_____
_____
_____
_____
_____
_____
_____
_____
_____

Priorities:
_____
_____
_____
_____
_____
_____

Appointments:
_____
_____
_____
_____
_____
_____

Notes:

	All Done

Date: ___/___/___   Mon   Tue   Wed   Thur   Fri   Sat   Sun

To Do:

Priorities:

Appointments:

Notes:

All Done

Date: ___/___/___   Mon   Tue   Wed   Thur   Fri   Sat   Sun

To Do:
_____
_____
_____
_____
_____
_____
_____
_____
_____
_____
_____
_____

Priorities:
_____
_____
_____
_____
_____
_____

Appointments:
_____
_____
_____
_____
_____
_____

Notes:

	All Done

Date: ___/___/___   Mon   Tue   Wed   Thur   Fri   Sat   Sun

To Do:

Priorities:

Appointments:

Notes:

All Done

Date: ___/___/___   Mon   Tue   Wed   Thur   Fri   Sat   Sun

To Do:

_____

_____

_____

_____

_____

_____

_____

_____

_____

_____

_____

_____

Priorities:

_____

_____

_____

_____

_____

_____

Appointments:

_____

_____

_____

_____

_____

_____

Notes:

	All Done

Date: ___/___/___   Mon Tue Wed Thur Fri Sat Sun

To Do:

Priorities:

Appointments:

Notes:

All Done

Date: ___/___/___   Mon   Tue   Wed   Thur   Fri   Sat   Sun

To Do:
_____
_____
_____
_____
_____
_____
_____
_____
_____
_____
_____
_____

Priorities:
_____
_____
_____
_____
_____
_____

Appointments:
_____
_____
_____
_____
_____
_____

Notes:

| | **All Done** |

Date: ___/___/___   Mon   Tue   Wed   Thur   Fri   Sat   Sun

To Do:

Priorities:

Appointments:

Notes:

All Done

Date: ___/___/___   Mon   Tue   Wed   Thur   Fri   Sat   Sun

To Do:
_____
_____
_____
_____
_____
_____
_____
_____
_____
_____
_____
_____

Priorities:
_____
_____
_____
_____
_____
_____

Appointments:
_____
_____
_____
_____
_____
_____

Notes:

	All Done

Date: ___/___/___   Mon   Tue   Wed   Thur   Fri   Sat   Sun

To Do:
_____
_____
_____
_____
_____
_____
_____
_____
_____
_____
_____
_____
_____
_____
_____
_____

Priorities:
_____
_____
_____
_____
_____
_____
_____

Appointments:
_____
_____
_____
_____
_____
_____
_____

Notes:

| | **All Done** |

Date: ___/___/___   Mon   Tue   Wed   Thur   Fri   Sat   Sun

To Do:
_____
_____
_____
_____
_____
_____
_____
_____
_____
_____
_____
_____

Priorities:
_____
_____
_____
_____
_____

Appointments:
_____
_____
_____
_____
_____
_____

Notes:

	All Done

Date: ___/___/___   Mon   Tue   Wed   Thur   Fri   Sat   Sun

To Do:

Priorities:

Appointments:

Notes:

All Done

Date: ___/___/___   Mon   Tue   Wed   Thur   Fri   Sat   Sun

To Do:
_____
_____
_____
_____
_____
_____
_____
_____
_____
_____
_____

Priorities:
_____
_____
_____
_____
_____
_____

Appointments:
_____
_____
_____
_____
_____
_____

Notes:

	All Done

Date: ___/___/___   Mon   Tue   Wed   Thur   Fri   Sat   Sun

To Do:

Priorities:

Appointments:

Notes:

All Done

Date: ___/___/___   Mon   Tue   Wed   Thur   Fri   Sat   Sun

To Do:
_____
_____
_____
_____
_____
_____
_____
_____
_____
_____
_____
_____

Priorities:
_____
_____
_____
_____
_____
_____

Appointments:
_____
_____
_____
_____
_____
_____

Notes:

| | **All Done** |

Date: ___/___/___   Mon   Tue   Wed   Thur   Fri   Sat   Sun

To Do:
_____
_____
_____
_____
_____
_____
_____
_____
_____
_____
_____
_____
_____
_____
_____

Priorities:
_____
_____
_____
_____
_____
_____
_____

Appointments:
_____
_____
_____
_____
_____
_____
_____

Notes:

	All Done

Date: ___/___/___   Mon   Tue   Wed   Thur   Fri   Sat   Sun

To Do:
_____
_____
_____
_____
_____
_____
_____
_____
_____
_____
_____
_____
_____

Priorities:
_____
_____
_____
_____
_____
_____

Appointments:
_____
_____
_____
_____
_____
_____

Notes:

| | **All Done** |

Date: ___/___/___ Mon   Tue   Wed   Thur   Fri   Sat   Sun

To Do:

Priorities:

Appointments:

Notes:

All Done

Date: ___/___/___   Mon   Tue   Wed   Thur   Fri   Sat   Sun

To Do:
_____
_____
_____
_____
_____
_____
_____
_____
_____
_____
_____
_____
_____

Priorities:
_____
_____
_____
_____
_____
_____

Appointments:
_____
_____
_____
_____
_____
_____

Notes:

| | **All Done** |

Date: ___/___/___   Mon   Tue   Wed   Thur   Fri   Sat   Sun

To Do:

Priorities:

Appointments:

Notes:

All Done

Date: ___/___/___   Mon   Tue   Wed   Thur   Fri   Sat   Sun

To Do:

_____

_____

_____

_____

_____

_____

_____

_____

_____

_____

_____

_____

Priorities:

_____

_____

_____

_____

_____

Appointments:

_____

_____

_____

_____

_____

_____

Notes:

	All Done

Date: ___/___/___   **Mon**   **Tue**   **Wed**   **Thur**   **Fri**   **Sat**   **Sun**

To Do:

Priorities:

Appointments:

Notes:

All Done

Date: ___/___/___ Mon Tue Wed Thur Fri Sat Sun

To Do:
_____
_____
_____
_____
_____
_____
_____
_____
_____
_____
_____
_____
_____

Priorities:
_____
_____
_____
_____
_____
_____

Appointments:
_____
_____
_____
_____
_____
_____

Notes:

	All Done

Date: ___/___/___   Mon   Tue   Wed   Thur   Fri   Sat   Sun

To Do:
_____
_____
_____
_____
_____
_____
_____
_____
_____
_____
_____
_____
_____
_____

Priorities:
_____
_____
_____
_____
_____
_____

Appointments:
_____
_____
_____
_____
_____
_____

Notes:

| | **All Done** |

Date: ___/___/___   Mon   Tue   Wed   Thur   Fri   Sat   Sun

To Do:
_____
_____
_____
_____
_____
_____
_____
_____
_____
_____
_____
_____

Priorities:
_____
_____
_____
_____
_____
_____

Appointments:
_____
_____
_____
_____
_____
_____

Notes:

All Done

Date: ___/___/___   Mon   Tue   Wed   Thur   Fri   Sat   Sun

To Do:
_____
_____
_____
_____
_____
_____
_____
_____
_____
_____
_____
_____
_____

Priorities:
_____
_____
_____
_____
_____
_____

Appointments:
_____
_____
_____
_____
_____
_____

Notes:

All Done

Date: ___/___/___   Mon   Tue   Wed   Thur   Fri   Sat   Sun

To Do:

_____

_____

_____

_____

_____

_____

_____

_____

_____

_____

_____

_____

_____

Priorities:

_____

_____

_____

_____

_____

_____

Appointments:

_____

_____

_____

_____

_____

_____

Notes:

	All Done

Date: ___/___/___   Mon   Tue   Wed   Thur   Fri   Sat   Sun

To Do:

Priorities:

Appointments:

Notes:

All Done

Date: ___/___/___   Mon   Tue   Wed   Thur   Fri   Sat   Sun

To Do:
_____
_____
_____
_____
_____
_____
_____
_____
_____
_____
_____
_____

Priorities:
_____
_____
_____
_____
_____

Appointments:
_____
_____
_____
_____
_____
_____

Notes:

| | **All Done** |

Date: ___/___/___   Mon   Tue   Wed   Thur   Fri   Sat   Sun

To Do:

Priorities:

Appointments:

Notes:

All Done

Date: ___/___/___   Mon   Tue   Wed   Thur   Fri   Sat   Sun

To Do:
_____
_____
_____
_____
_____
_____
_____
_____
_____
_____
_____
_____
_____

Priorities:
_____
_____
_____
_____
_____
_____

Appointments:
_____
_____
_____
_____
_____
_____

Notes:

| | **All Done** |

Date: ___/___/___ Mon Tue Wed Thur Fri Sat Sun

To Do:

Priorities:

Appointments:

Notes:

All Done

Date: ___/___/___   **Mon**   **Tue**   **Wed**   **Thur**   **Fri**   **Sat**   **Sun**

To Do:
_____
_____
_____
_____
_____
_____
_____
_____
_____
_____
_____
_____

Priorities:
_____
_____
_____
_____
_____
_____

Appointments:
_____
_____
_____
_____
_____
_____

Notes:

	All Done

Date: ___/___/___   **Mon**   **Tue**   **Wed**   **Thur**   **Fri**   **Sat**   **Sun**

To Do:

Priorities:

Appointments:

Notes:

All Done

Date: ___/___/___   Mon   Tue   Wed   Thur   Fri   Sat   Sun

To Do:

Priorities:

Appointments:

Notes:

All Done

Date: ___/___/___   Mon   Tue   Wed   Thur   Fri   Sat   Sun

To Do:

Priorities:

Appointments:

Notes:

All Done

Date: ___/___/___   **Mon   Tue   Wed   Thur   Fri   Sat   Sun**

To Do:

_____

_____

_____

_____

_____

_____

_____

_____

_____

_____

_____

_____

Priorities:

_____

_____

_____

_____

_____

_____

_____

Appointments:

_____

_____

_____

_____

_____

_____

Notes:

	All Done

Date: ___/___/___   Mon   Tue   Wed   Thur   Fri   Sat   Sun

To Do:

Priorities:

Appointments:

Notes:

All Done

Date: ___/___/___   Mon   Tue   Wed   Thur   Fri   Sat   Sun

To Do:

_____
_____
_____
_____
_____
_____
_____
_____
_____
_____
_____
_____

Priorities:

_____
_____
_____
_____
_____
_____

Appointments:

_____
_____
_____
_____
_____
_____

Notes:

| | **All Done** |

Date: ___/___/___   **Mon**   **Tue**   **Wed**   **Thur**   **Fri**   **Sat**   **Sun**

To Do:

Priorities:

Appointments:

Notes:

All Done

Date: ___/___/___   Mon   Tue   Wed   Thur   Fri   Sat   Sun

To Do:
_____
_____
_____
_____
_____
_____
_____
_____
_____
_____
_____
_____

Priorities:
_____
_____
_____
_____
_____
_____

Appointments:
_____
_____
_____
_____
_____
_____

Notes:

| | **All Done** |

Date: ___/___/___   Mon   Tue   Wed   Thur   Fri   Sat   Sun

To Do:

Priorities:

Appointments:

Notes:

All Done

Date: ___/___/___   Mon   Tue   Wed   Thur   Fri   Sat   Sun

To Do:
_____
_____
_____
_____
_____
_____
_____
_____
_____
_____
_____
_____

Priorities:
_____
_____
_____
_____
_____
_____

Appointments:
_____
_____
_____
_____
_____
_____

Notes:

	All Done

Date: ___/___/___   Mon   Tue   Wed   Thur   Fri   Sat   Sun

To Do:

Priorities:

Appointments:

Notes:

All Done

Date: ___/___/___   Mon   Tue   Wed   Thur   Fri   Sat   Sun

To Do:
_____
_____
_____
_____
_____
_____
_____
_____
_____
_____
_____
_____

Priorities:
_____
_____
_____
_____
_____
_____

Appointments:
_____
_____
_____
_____
_____

Notes:

| | **All Done** |

Date: ___/___/___   Mon   Tue   Wed   Thur   Fri   Sat   Sun

To Do:

Priorities:

Appointments:

Notes:

All Done

Date: ___/___/___   Mon   Tue   Wed   Thur   Fri   Sat   Sun

To Do:

Priorities:

Appointments:

Notes:

| | **All Done** |

Date: ___/___/___   Mon   Tue   Wed   Thur   Fri   Sat   Sun

To Do:

Priorities:

Appointments:

Notes:

All Done

Date: ___/___/___   Mon   Tue   Wed   Thur   Fri   Sat   Sun

To Do:
_____
_____
_____
_____
_____
_____
_____
_____
_____
_____
_____
_____
_____

Priorities:
_____
_____
_____
_____
_____
_____

Appointments:
_____
_____
_____
_____
_____
_____

Notes:

| | All Done |

Date: ___/___/___   Mon   Tue   Wed   Thur   Fri   Sat   Sun

To Do:
_____
_____
_____
_____
_____
_____
_____
_____
_____
_____
_____
_____
_____
_____

Priorities:
_____
_____
_____
_____
_____
_____

Appointments:
_____
_____
_____
_____
_____
_____

Notes:

	All Done

Date: ___/___/___   Mon   Tue   Wed   Thur   Fri   Sat   Sun

To Do:
_____
_____
_____
_____
_____
_____
_____
_____
_____
_____
_____
_____

Priorities:
_____
_____
_____
_____
_____
_____

Appointments:
_____
_____
_____
_____
_____
_____

Notes:

	All Done

Date: ___/___/___   **Mon**   **Tue**   **Wed**   **Thur**   **Fri**   **Sat**   **Sun**

To Do:
_____
_____
_____
_____
_____
_____
_____
_____
_____
_____
_____
_____
_____

Priorities:
_____
_____
_____
_____
_____
_____

Appointments:
_____
_____
_____
_____
_____
_____
_____

Notes:

| | **All Done** |

Date: ___/___/___   Mon   Tue   Wed   Thur   Fri   Sat   Sun

To Do:
_____
_____
_____
_____
_____
_____
_____
_____
_____
_____
_____
_____

Priorities:
_____
_____
_____
_____
_____
_____

Appointments:
_____
_____
_____
_____
_____
_____

Notes:

	All Done

Date: ___/___/___   Mon   Tue   Wed   Thur   Fri   Sat   Sun

To Do:

Priorities:

Appointments:

Notes:

All Done

Date: ___/___/___   Mon   Tue   Wed   Thur   Fri   Sat   Sun

To Do:

_____

_____

_____

_____

_____

_____

_____

_____

_____

_____

_____

_____

Priorities:

_____

_____

_____

_____

_____

_____

Appointments:

_____

_____

_____

_____

_____

_____

Notes:

	All Done

Date: ___/___/___   Mon   Tue   Wed   Thur   Fri   Sat   Sun

To Do:
_____
_____
_____
_____
_____
_____
_____
_____
_____
_____
_____
_____
_____

Priorities:
_____
_____
_____
_____
_____
_____

Appointments:
_____
_____
_____
_____
_____
_____

Notes:

| | **All Done** |

Date: ___/___/___   Mon   Tue   Wed   Thur   Fri   Sat   Sun

To Do:
_____
_____
_____
_____
_____
_____
_____
_____
_____
_____
_____
_____
_____

Priorities:
_____
_____
_____
_____
_____
_____

Appointments:
_____
_____
_____
_____
_____
_____

Notes:

	All Done

Date: ___/___/___   Mon   Tue   Wed   Thur   Fri   Sat   Sun

To Do:

Priorities:

Appointments:

Notes:

All Done

Date: ___/___/___   Mon   Tue   Wed   Thur   Fri   Sat   Sun

To Do:
_____
_____
_____
_____
_____
_____
_____
_____
_____
_____
_____
_____
_____

Priorities:
_____
_____
_____
_____
_____
_____

Appointments:
_____
_____
_____
_____
_____
_____

Notes:

	All Done

Date: ___/___/___   **Mon**   **Tue**   **Wed**   **Thur**   **Fri**   **Sat**   **Sun**

To Do:

Priorities:

Appointments:

Notes:

All Done

Date: ___/___/___   Mon   Tue   Wed   Thur   Fri   Sat   Sun

To Do:
_____
_____
_____
_____
_____
_____
_____
_____
_____
_____
_____
_____

Priorities:
_____
_____
_____
_____
_____
_____

Appointments:
_____
_____
_____
_____
_____
_____

Notes:

| | **All Done** |

Date: ___/___/___   Mon   Tue   Wed   Thur   Fri   Sat   Sun

To Do:

Priorities:

Appointments:

Notes:

All Done

Date: ___/___/___   Mon   Tue   Wed   Thur   Fri   Sat   Sun

To Do:
_____
_____
_____
_____
_____
_____
_____
_____
_____
_____
_____
_____

Priorities:
_____
_____
_____
_____
_____
_____

Appointments:
_____
_____
_____
_____
_____
_____

Notes:

| | **All Done** |

Date: ___/___/___   Mon   Tue   Wed   Thur   Fri   Sat   Sun

To Do:

Priorities:

Appointments:

Notes:

All Done

Date: ___/___/___   Mon   Tue   Wed   Thur   Fri   Sat   Sun

To Do:
_____
_____
_____
_____
_____
_____
_____
_____
_____
_____
_____
_____

Priorities:
_____
_____
_____
_____
_____
_____

Appointments:
_____
_____
_____
_____
_____
_____

Notes:

| | **All Done** |

Date: ___/___/___   Mon   Tue   Wed   Thur   Fri   Sat   Sun

To Do:

Priorities:

Appointments:

Notes:

All Done

Date: __/__/__   Mon   Tue   Wed   Thur   Fri   Sat   Sun

To Do:

Priorities:

Appointments:

Notes:

All Done

Date: ___/___/___   Mon   Tue   Wed   Thur   Fri   Sat   Sun

To Do:

Priorities:

Appointments:

Notes:

All Done

Date: ___/___/___   Mon   Tue   Wed   Thur   Fri   Sat   Sun

To Do:
_____
_____
_____
_____
_____
_____
_____
_____
_____
_____
_____
_____
_____

Priorities:
_____
_____
_____
_____
_____
_____

Appointments:
_____
_____
_____
_____
_____
_____

Notes:

	All Done

Date: ___/___/___   Mon   Tue   Wed   Thur   Fri   Sat   Sun

To Do:

Priorities:

Appointments:

Notes:

| | **All Done** |

Date: ___/___/___   Mon   Tue   Wed   Thur   Fri   Sat   Sun

To Do:
_____
_____
_____
_____
_____
_____
_____
_____
_____
_____
_____
_____

Priorities:
_____
_____
_____
_____
_____

Appointments:
_____
_____
_____
_____
_____
_____

Notes:

All Done

Date: __/__/__   Mon   Tue   Wed   Thur   Fri   Sat   Sun

To Do:

Priorities:

Appointments:

Notes:

| | **All Done** |

Date: ___/___/___   Mon   Tue   Wed   Thur   Fri   Sat   Sun

To Do:

Priorities:

Appointments:

Notes:

All Done

Date: ___/___/___   Mon   Tue   Wed   Thur   Fri   Sat   Sun

To Do:

Priorities:

Appointments:

Notes:

All Done

Date: ___/___/___   Mon   Tue   Wed   Thur   Fri   Sat   Sun

To Do:
_____
_____
_____
_____
_____
_____
_____
_____
_____
_____
_____
_____
_____

Priorities:
_____
_____
_____
_____
_____
_____

Appointments:
_____
_____
_____
_____
_____
_____

Notes:

| | **All Done** |

Date: ___/___/___   Mon   Tue   Wed   Thur   Fri   Sat   Sun

To Do:
_____
_____
_____
_____
_____
_____
_____
_____
_____
_____
_____
_____
_____

Priorities:
_____
_____
_____
_____
_____
_____

Appointments:
_____
_____
_____
_____
_____
_____

Notes:

	All Done

Date: ___/___/___   Mon   Tue   Wed   Thur   Fri   Sat   Sun

To Do:
_____
_____
_____
_____
_____
_____
_____
_____
_____
_____
_____
_____

Priorities:
_____
_____
_____
_____
_____
_____

Appointments:
_____
_____
_____
_____
_____

Notes:

	All Done

Date: ___/___/___   Mon   Tue   Wed   Thur   Fri   Sat   Sun

To Do:

Priorities:

Appointments:

Notes:

All Done

Date: ___/___/___   Mon   Tue   Wed   Thur   Fri   Sat   Sun

To Do:

Priorities:

Appointments:

Notes:

All Done

Date: ___/___/___   Mon   Tue   Wed   Thur   Fri   Sat   Sun

To Do:

Priorities:

Appointments:

Notes:

All Done

Date: ___/___/___   Mon   Tue   Wed   Thur   Fri   Sat   Sun

To Do:
_____
_____
_____
_____
_____
_____
_____
_____
_____
_____
_____
_____
_____

Priorities:
_____
_____
_____
_____
_____
_____

Appointments:
_____
_____
_____
_____
_____
_____

Notes:

	All Done

Date: ___/___/___   **Mon**   **Tue**   **Wed**   **Thur**   **Fri**   **Sat**   **Sun**

To Do:

Priorities:

Appointments:

Notes:

All Done

Date: ___/___/___   Mon   Tue   Wed   Thur   Fri   Sat   Sun

To Do:

_____

_____

_____

_____

_____

_____

_____

_____

_____

_____

_____

_____

_____

Priorities:

_____

_____

_____

_____

_____

_____

Appointments:

_____

_____

_____

_____

_____

_____

Notes:

	All Done

Date: ___/___/___   Mon   Tue   Wed   Thur   Fri   Sat   Sun

To Do:

Priorities:

Appointments:

Notes:

All Done

Date: ___/___/___   Mon   Tue   Wed   Thur   Fri   Sat   Sun

To Do:

_____

_____

_____

_____

_____

_____

_____

_____

_____

_____

_____

_____

_____

Priorities:

_____

_____

_____

_____

_____

_____

Appointments:

_____

_____

_____

_____

_____

_____

Notes:

	All Done

Date: ___/___/___   **Mon**   **Tue**   **Wed**   **Thur**   **Fri**   **Sat**   **Sun**

To Do:

Priorities:

Appointments:

Notes:

All Done

Date: ___/___/___   Mon   Tue   Wed   Thur   Fri   Sat   Sun

To Do:
_____
_____
_____
_____
_____
_____
_____
_____
_____
_____
_____
_____

Priorities:
_____
_____
_____
_____
_____
_____

Appointments:
_____
_____
_____
_____
_____
_____

Notes:

	All Done

Date: ___/___/___   Mon   Tue   Wed   Thur   Fri   Sat   Sun

To Do:

Priorities:

Appointments:

Notes:

| | **All Done** |

www.ingramcontent.com/pod-product-compliance
Lightning Source LLC
Chambersburg PA
CBHW030442220526
45464CB00006B/2388